ÉLECTIONS LÉGISLATIVES

DU 4 OCTOBRE 1885

LIBERTÉ — ÉGALITÉ — FRATERNITÉ

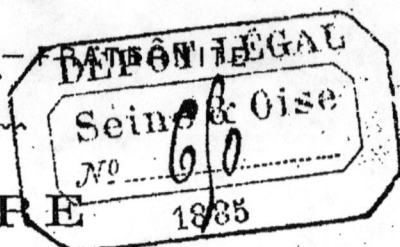

LETTRE

AU SUFFRAGE UNIVERSEL DE LA CORSE

PAR

ANTOINE FOLACCI

Prix : 15 centimes

PARIS

L. LAROSE ET FORCEL, LIBRAIRES-ÉDITEURS

22, RUE SOUFFLOT, 22

1885

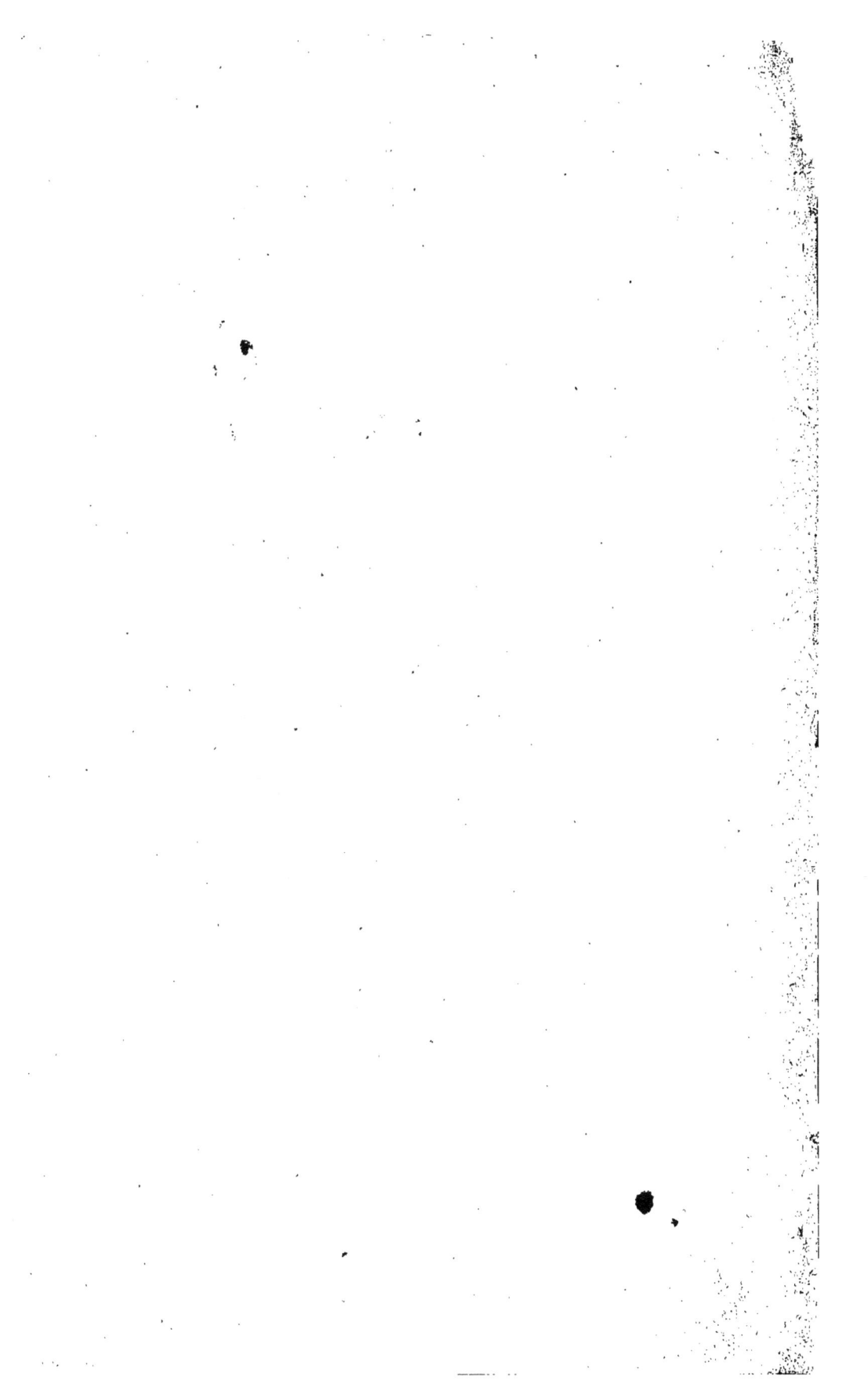

AU PEUPLE CORSE

Mes chers Concitoyens,

Le 4 octobre prochain, le Peuple Français sera appelé aux urnes pour manifester sa volonté et donner *ses ordres* aux hommes qu'il aura choisis pour mandataires. Cette manifestation de la volonté nationale aura un caractère particulièrement solennel, à raison de sa date. Nous touchons, en effet, au centenaire de 1789 et nous subissons encore — par notre faute surtout depuis six ans — une Monarchie maquillée en République. Il faut donc que la République vraie sorte des urnes. Précisons-en bien la nature. Cette République vraie, réelle, effective, s'appelle Démocratie, c'est-à-dire gouvernement du peuple par le peuple. La souveraineté est son essence, le suffrage universel, son instrument, le règne de la Justice, son but. Par cela même que la souveraineté est immanente au peuple, elle est inaliénable. Le vieux dicton populaire qui dit : « La voix du peuple est la voix de Dieu » est absolument vrai en politique. Voilà pourquoi le peuple peut être considéré comme étant la loi vivante. Sa manifestation la plus récente anéantit ou confirme ses décisions antérieures. Toute puissance dès lors émane de lui. C'est par lui que s'élèvent les magistratures, c'est à lui qu'elles font retour, une fois épuisées, car lui seul est stable, malgré ses évolutions, lui seul est permanent et à plus juste titre que Louis XIV, il peut dire : « l'État c'est Moi. »

Or, dans l'examen des réformes qui doivent assurer le triomphe de ta souveraineté, ô Peuple, je relève tout-d'abord, dans le fait même de ta convocation aux urnes, une atteinte à cette souveraineté. En effet, au lieu de te convoquer toi-même, comme il convient à un Souverain, *tous les ans ou tous les deux ans au plus*, à une date fixe, inscrite dans une Constitution faite ou votée par toi, il te faut attendre, comme sous la monarchie, du bon plaisir de ton serviteur le gouvernement, qu'il daigne fixer le jour où il aura, lui, des comptes à te rendre, et toi, des ordres à lui donner.

Voilà pourquoi, invoquant ta souveraineté, je viens te dire :

1° Il faut en finir avec les hypocrisies des parlementaires qui, par des ajournements calculés, escamotent de session en session, depuis quinze ans, les projets de loi populaires, et donner aux députés mandat formel de voter, à bref délai, les réformes principales désignées ci-après et qui sont à l'ordre du jour depuis le commencement du siècle.

2° Il faut donc en finir avec la centralisation organisée par la constitution de l'an VIII, faite par Bonaparte et maintenue par tous les gouvernements qui lui ont succédé, tant elle abrite bien le despotisme. Cette centralisation extrême supprime toute vie locale et fait de la France politique comme un monstre dont le corps serait petit et grêle et la tête serait énorme. Il faut donc réclamer avec Gambetta, alors républicain et ministre de l'intérieur (circulaire du 18 septembre 1870) « *l'établissement de communes libres, désormais soustraites à l'influence exagérée du pouvoir central, douées d'une vie propre, et capables, par leur initiative, de refaire la France en refaisant ses mœurs publiques.* ». C'est, en résumé, le programme de l'autonomie communale, acclamé par Paris le 26 mars 1871.

3° Il faut en finir, par une réforme radicale, avec des codes rédigés dans un esprit anti-démocratique aggravé par des mesures fiscales écrasantes, lesquelles jointes à l'énormité des frais qu'exigent les hommes d'affaires, font de la gratuité de la Justice une cruelle plaisanterie, et assurent, en définitive, le succès et l'impunité aux riches et aux puissants.

4° Il faut en finir avec les lois pénales édictées sous l'Empire, et les réformer à la lumière de la science moderne. Malgré l'introduction, dans le code pénal de 1832, des circonstances atténuantes, le jury ne sait pas encore faire la part de l'atavisme et des réponsabilités sociales. Il persiste à maintenir la peine de mort dont l'exemplarité est illusoire et vaine. La civilisation qui a aboli la torture et le carcan, doit supprimer l'échafaud.

5° Il faut en finir avec les Tribunaux d'exception. Quel que soit leur nom : chambres ardentes, conseils de guerre, commissions mixtes, cours prévôtales, etc. etc., ce sont des tribunaux de sang qui déshonorent le gouvernement qui les institue et les hommes qui les composent, car ils punissent toujours avec férocité des actes qui déplaisent à un parti triomphant. C'est avec leur concours qu'ont été accomplies les plus grandes infamies de l'histoire, et pour n'en citer qu'une : le bûcher de Jeanne Darc.

6° Il faut en finir avec les violations de domicile. Sauf le cas très rare de flagrant délit, le domicile doit être sacré. Les perquisitions domiciliaires sont désastreuses pour la liberté, le repos, l'honneur et le crédit des familles. L'inviolabilité du domicile doit être inscrite dans la Constitution.

7° Il faut en finir avec les entraves apportées à la liberté individuelle par les lois spéciales rendues contre la presse, les réunions, les associations, l'Internationale, les passeports, livrets, etc. etc.

8° Il faut en finir avec une magistrature inféodée au pouvoir par la hiérarchie et l'avancement, et la remplacer par le jury étendu à toutes les juridictions et à tous les degrés.

9° Il faut en finir, conformément à la suppression de la constitution de l'an VIII, avec les tribunaux et conseils administratifs : Conseil de préfecture, Conseil d'État, Cour des comptes, etc. Ils sont inutiles administrativement et dangereux judiciairement, puisque l'État est à la fois juge et partie.

10° Il faut en finir avec le cumul des fonctions publiques. Il est de sa nature monarchique, le roi ne pouvant avoir confiance que dans un nombre restreint de serviteurs. En République, rien ne saurait le justifier. Il en résulte un tort grave pour ces fonctions d'abord, et ensuite pour les citoyens qui pouvant les remplir se voient dépouillés par le cumulard de leurs moyens d'existence. En outre, il est dangereux pour la liberté de tous. Donc à chaque fonction son homme, qu'elle soit ou non rétribuée.

11° Il faut en finir avec l'ingérence despotique de l'État dans les affaires des Églises. La religion est chose essentiellement privée. Elle relève de la foi et non de la loi. La conscience est son trône, et la liberté son égide. Donc séparation des Églises et de l'État.

12° Il faut en finir avec l'enseignement de l'État. Par lui l'indépendance de la pensée et de la liberté de la parole sont soumises au caprice d'un ministre. Exemples : Quinet, Michelet, etc. qui ont été chassés de leur chaire du Collège de France. En outre, il empêche toute émulation entre les corps enseignants.

13° Il faut en finir avec la guerre, cette criminelle folie, odieuse à tous, excepté aux députés qui la votent d'un cœur léger parce qu'ils sont sûrs de ne pas être obligés de se battre, grâce à l'immunité parlementaire. En monarchie, la guerre est un moyen hypocrite de gouvernement, ainsi que l'a prouvé Napoléon III qui, après avoir dit : « l'*Empire, c'est la paix* », a fait la guerre dans les cinq parties du monde et s'en est vanté dans un message au Corps législatif. En République, sauf le cas d'invasion, la guerre est la négation même de la justice. L'expédition de Rome en 1849, faite par Bonaparte, a donné au monde le scandale d'une grande république allant en écraser une autre, naissante et encore mal assurée. Or, tout se paye en politique, et l'abandon de la France par l'Italie en 1870 nous a fait expier le crime de 1849 dont les conséquences subsistaient encore en 1870, puisque Rome était au pape.

D'après une statistique dressée par le citoyen Gaillard, député de Vaucluse, la guerre, depuis la fin du siècle dernier, a dévoré 14 millions d'hommes et 1,000 milliards de francs. L'éloquence de ces chiffres dispense de tout commentaire.

Donc pas de conquêtes. Paix et liberté, sous peine de crime de haute trahison prévu et puni par la Constitution.

14° Il faut en finir avec le système d'impôts qui a prévalu jusqu'ici, parce qu'il grève tout particulièrement le pauvre qui paye 80 p. 100 d'un budget de 3 milliards 500 millions, legs de la monarchie. L'ordre et l'économie veulent que l'impôt soit unique et perçu par les Communes, qui possèdent les meilleurs éléments d'appréciation, et non par l'Etat presque toujours incomplètement informé sur les ressources imposables. La justice exige qu'il porte sur le capital fixe. Toutefois, si on s'obstine à le faire porter sur le revenu, l'impôt, pour être juste, doit être progressif.

15° Il faut en finir avec les Monopoles, tant ceux que l'État s'est attribués que ceux qu'il a conférés aux particuliers : ce sont des injustices coûteuses garanties par la loi. Je dis : coûteuses, parce que l'État fait toujours moins bien et plus cher que les particuliers. Ce sont, en outre, des moyens de corruption entre les mains du gouvernement. Exemple : les bureaux de tabac.

16° Il faut en finir avec les emprunts directs ou dissimulés et fermer à jamais le grand-livre de la dette publique, l'impôt ayant atteint le maximum de tolérance, grâce aux emprunts de la monarchie et de l'empire. Celui-ci a emprunté 17 milliards pendant son règne, et la guerre de 1870 à coûté à la France 11 milliards : total 28 milliards ! ! !

17° Il faut en finir avec les titres nobiliaires et honorifiques. Abandonnés par les nobles dans la fameuse nuit du 4 août, ils n'ont aucune raison d'être en République. En les rétablissant, avec la monarchie, Bonaparte se créait un instrument de corruption utile à sa politique, comme sa légion d'Honneur était nécessaire à ses hécatombes. Rabaisser les hommes en ayant l'air de les élever, tel est l'esprit du despotisme. Mais une démocratie jalouse de ses destinées, ne saurait tolérer dans son sein ces simulacres de noblesse, sans laisser en même temps la porte ouverte à des espérances de restauration monarchique, avivées par la présence des prétendants.

La République doit donc supprimer légalement les uns et frapper d'exil les autres, afin de n'avoir pas à recommencer le drame du 21 janvier 1793.

18° Il faut en finir avec la minorité civile et politique de la femme. Elle est l'œuvre de la force et non du droit, et semble vouloir consacrer la supériorité d'un sexe sur l'autre, chose absurde. Moralement la femme est supérieure à l'homme, ainsi que le prouve la statistique des crimes et des délits de 1883 à 1884 qui ne compte que 8 femmes sur 100 condamnés. Intellectuellement, elle est son égale. Physiologiquement, elle lui est équivalente. N'a-t-elle pas une âme, une conscience, une volonté, une responsabilité ? Donc elle est une personne. Or la personnalité humaine tient ses droits de sa nature morale et non pas de ses avantages physiques ou intellectuels. Voilà pourquoi les voix se comptent et ne se pèsent pas. Par tous ces motifs, elle est son égale et doit être déclarée, par la loi, civilement et politiquement majeure.

La civilisation d'un pays se mesure surtout au rang que tient la femme dans la société. La citoyenne de France élevée par la liberté façonnera l'enfant à la liberté, à la justice, à la fraternité. Elle sera source de civilisation, comme elle est source de vie.

19° Enfin, il faut en finir avec la misère sordide, répugnante, dissolue, honte de la civilisation, réquisitoire vivant contre la société, insulte à la dignité humaine, la plus grande de toutes après l'esclavage, dont elle a pris la place. Arrêter le mendiant pour le mettre en prison est absurde autant que barbare. Le transporter est criminel. Le seul droit de la société est de le rapatrier dans sa commune d'origine. Ce sera un stimulant pour les communes qui veilleront à l'éducation professionnelle des enfants, afin que plus tard ils ne retombent pas à leur charge. Quelle que soit la décision prise, disons, à cette occasion, que les seuls moyens de supprimer le paupérisme sont, au sein de la pleine liberté : 1° l'instruction primaire *intégrale*, suivie de l'instruction professionnelle ; 2° le crédit à bon marché, au moyen de banques locales ; 3° le travail ; 4° l'épargne ou l'assurance. En attendant cet ordre nouveau, il convient de traiter les misérables en amis malheureux. Il va de l'honneur et de la dignité des citoyens que des hommes, citoyens et souverains comme eux, ne meurent pas de faim dans les affres de l'abandon et du désespoir, ou soient mis dans la terrible alternative de piller ou de mendier. Il faut donc leur assurer le minimum d'entretien qu'on serait obligé de leur donner en prison, en outre, supprimer le délit de vagabondage.

*

Comment en finir? La réponse à celte question a été faite par la Révolution dans la Déclaration des droits de l'homme, ce Sinaï du monde moderne. Elle est tout entière résumée dans la sublime devise républicaine inscrite sur tous nos monuments.

LIBERTÉ, ÉGALITÉ, FRATERNITÉ.

Cette devise serait depuis longtemps passée dans les lois et, par suite, dans les mœurs sans le 18 Brumaire. Essayons de dégager les vérités que renferment ces mots magiques, les plus beaux qu'ait enfantés la raison de l'homme. Et d'abord le mot :

Fraternité.

Il devrait venir le premier dans la devise murale ; car sans la fraternité la justice perd sa beauté idéale, qui est d'être humaine. Quand elle est outrée, implacable, elle réalise la sentence : *Summum jus, summa injuria.* Si Jésus a résumé sa doctrine dans ces mots : « *Aimez-vous les uns les autres* » ; si Marc-Aurèle, écrivant ses pensées au camp, sous sa tente, s'arrête tout à coup pour se faire ce reproche : *Non, tu n'aimes pas les hommes comme il faut les aimer,* c'est que tous deux ont eu la vision claire que la fraternité, en adoucissant les revendications impérieuses du droit, pouvait seule apaiser les hommes et maintenir entre eux l'harmonie. Aussi la Révolution française a été fidèle à sa devise en créant les bureaux de bienfaisance. Mais cette organisation de la fraternité, hélas ! insuffisante, ne dispense par les citoyens du devoir moral d'assister ceux qui luttent contre une misère presque toujours imméritée ; et quand même? la fraternité ne nous dit-elle pas : *Fais pour ton frère ce que tu voudrais qu'il fît pour toi.*

Égalité.

L'égalité résulte de notre commune origine. Tout homme a des facultés éminentes : ce sont la pensée, la parole, la raison, la conscience, grâce auxquelles il sait discerner le droit et le devoir, le juste et l'injuste. Ces facultés le constituent souverain du monde. Certes, le soleil évoluant dans l'espace, les magnificences du firmament et les beautés de notre planète sont, au point de vue humain, de bien merveilleuses créations. Mais l'homme est une création plus grande, plus admirable encore, puisque après avoir pris possession de lui-même par la conscience, il prend possession du monde extérieur par la pensée, le mesure, l'apprécie, le redresse, s'en empare en l'appropriant à ses besoins et le force à collaborer à sa propre destinée. D'autre part, quelle que soit son ignorance, l'homme est éminemment perfectible, parce qu'il a le sentiment de l'idéal — près duquel les valeurs individuelles, fussent-elles géniales, sont encore très bornées. En outre, tous les hommes ont soif de bonheur, et c'est la meilleure preuve de notre dignité, de l'excellence de notre nature, que rien ne puisse apaiser cette soif, pour grande que soit la fortune. Enfin, le plus humble d'entre les hommes porte en soi la puissance du sacrifice, et c'est la plus grande marque de notre grandeur morale que cet humble, exalté par une idée : *humanité, patrie, liberté, justice*, n'hésite pas à faire au triomphe de cette idée, le sacrifice de ses intérêts et même de sa vie. Quant à leurs aptitudes, elles sont diverses, mais loin de nuire à l'égalité, cette diversité ne fait que la fortifier, car quiconque a une supériorité est toujours inférieur par quelque côté du savoir humain. Dès lors la solidarité humaine, ou plutôt la réciprocité, s'impose, chacun ayant besoin de chacun, et c'est ainsi que l'égalité naturelle mène à l'équivalence ou égalité sociale. Le progrès qui se fait tous les jours tend de plus en plus à amener ce résultat que l'ignorance, l'erreur et les préjugés ont empêché jusqu'ici. On raconte que Louis XI, rencontrant un marmiton, lui demanda ce qu'il gagnait. « *Je gagne, répondit-il, autant que le roi. — Et que gagne le roi? — Il gagne ses dépenses et moi les miennes.* » Vraie ou fausse, cette réponse résume l'économie sociale, et ceux qui connaissent la nature des choses ne seront pas surpris de rencontrer l'égalité entre un roi et un marmiton.

Mais pour que le progrès s'accomplisse, que faut-il?

La Liberté !

Parlons donc de la liberté qui est l'âme du monde, et et, en politique, le fondement de tout. Elle peut se définir : l'exercice de nos facultés sous le gouvernement de la raison. Tel est le droit. Il n'a d'autres limites que le droit de notre semblable, aussi évident que le nôtre, puisqu'il découle de l'égalité originelle de l'espèce. Il a son fondement dans la dignité humaine, affirmée par la raison. Ne pas méconnaître ce droit, ne pas blesser cette dignité, voilà le devoir, voilà la justice. Mais, si pratiquer la justice est la loi suprême de la raison, assurer cette justice est la loi suprême de l'État, sa raison d'être, sa fin.

Et cependant que de vengeances, que de crimes ont été commis au nom de la liberté ! L'esprit se trouble devant cette série de victimes qui remplit les siècles, et se demande pourquoi l'impunité a pu être acquise à tant de scélératesse. C'est que la tyrannie a toujours marché à son but en masquant son ambition criminelle du saint nom de liberté. N'est-ce pas, en effet, au nom de la liberté de l'État ou de la religion que Socrate a bu la ciguë ; que la tête de Cicéron a été clouée aux rostres de la tribune : que Jésus a été mis en croix ; que les chrétiens ont été livrés aux bêtes du cirque ; que Savonarole, Jean Huss, Vanini, Giordano Bruno, Étienne Dolet et tant d'autres ont été brûlés, sans oublier ton nom, sublime Jeanne Darc. Qui est-ce qui poussait ces grandes âmes à affronter les plus horribles supplices, si ce n'est l'amour de cette même liberté au nom de laquelle on les condamnait à mort?

Malgré cet immense holocauste, la liberté ne cessa jamais d'agiter le monde. Chaque siècle put en compter les héros et les martyrs.

Mais c'est au siècle dernier que les philosophes d'abord et, après eux, les représentants des revendications de la France l'ont fait briller d'un éclat incomparable. 1789 commença son règne, et la chronologie nombra le temps ainsi : An Ier, an II, an III... de la liberté. L'enthousiasme qu'elle inspira fut si grand que, dans leurs luttes pour assurer son triomphe définitif, les géants de la révolution allèrent à l'échafaud avec l'orgueil des triomphateurs de Rome montant au Capitole. Hélas ! l'homme de Brumaire devait rendre inutiles ces sacrifices suprêmes. Ah ! pourquoi faut-il que ce soit un Corse qui ait tenté d'arrêter ce merveilleux élan de l'humanité vers la justice !

Oui, mes chers concitoyens, Bonaparte, que la République avait avoué pour le plus grand de ses fils, tout à coup révolté, abandonna son armée en Égypte pour venir à Paris violer la représentation nationale, chasser la liberté et se mettre en sa place. Dès Montenotte, c'est lui-même qui l'avoue, il rêvait de redonner des chaînes à ce peuple qui venait de secouer quatorze siècles de féodalité, de monarchie et de catholicisme combinés en vue de l'abrutir. Étrange reconnaissance envers le peuple de la Révolution, grâce auxquels il pouvait se dire avec un légitime orgueil le premier capitaine du monde. Ce n'était pas assez pour sa vanité. Bonaparte voulut être Napoléon et devint parricide. Pendant quinze ans il donna au monde le scandale du crime triomphant, tandis qu'il proscrivait, déportait et fusillait les républicains. Les malédictions de la postérité sont désormais acquises à cet égoïste ambitieux qui, pouvant être le Washington de l'Europe, aima mieux courir, sur des milliers de cadavres, à la monarchie universelle. Waterloo vengea, sans doute, l'humanité et la loi foulées aux pieds ; mais la France, deux fois envahie, dépeuplée, rançonnée, amoindrie de 26 départements, dut subir de nouveau les Bourbons et les Jésuites.

Quarante-huit ans après le crime de Brumaire la Liberté, put enfin revenir parmi nous. Le canon de la Révolution de Février tonna si fort en son honneur, que les trônes de l'Europe en furent ébranlés. Les peuples, réveillés comme en sursaut, jetèrent le cri de délivrance, et déjà l'on parlait d'États-Unis d'Europe. Mais ici l'histoire me force à écrire une seconde fois le nom néfaste de Bonaparte. Oui, citoyens, celui qui devait être l'homme de décembre fut rappelé de l'exil, malgré ses conspirations antérieures. La République l'admit à prendre aussi sa part des bienfaits de la liberté renaissante, et cette part fut la plus belle. Le Peuple français a parfois des naïvetés d'enfant, car ce bandit n'eut pas plus tôt juré fidélité et dévouement à la République qu'il médita de l'étouffer dans le sang. Trois ans lui suffirent à dresser l'immense guet-apens, et le 2 décembre, il recommença le grand crime de l'oncle, non pas au grand jour, mais nuitamment, en scélérat parfait. Oh! cette fois, pour la liberté l'épreuve fut terrible. Elle aurait trépassé si elle n'était immortelle. Aussi suscita-t-elle toutes les nobles âmes, contre cet assassin couronné. Elle mit tant de persistance à le harceler par le livre, par la poésie, par la presse et par la tribune, qu'elle finit par l'acculer à Sedan. Ce fut le châtiment du 2 décembre; mais aussi le châtiment du peuple français qui paya, le 2 septembre 70, le crime de s'être abandonné au coup d'État. L'histoire n'avait pas encore enregistré une si colossale défaite.

Tout faisait espérer que la grandeur de la catastrophe aurait à jamais dégoûté la France du pouvoir personnel, et que la liberté allait enfin régir nos destinées. Mais elle ne fut pas plus tôt sortie de cette tourmente épique, qu'elle fut circonvenue par un homme sans cœur, dévoré de la plus détestable ambition, fou de pouvoir, ennemi implacable de la liberté qui l'aurait gêné dans ses visées, d'autant plus dangereux qu'il était plus hypocrite, provocateur et suppliant tour à tour, jouant le personnage indispensable et se posant, dédaigneux, en homme supérieur à l'Assemblée. Vous avez deviné l'horrible Thiers. Ne voulant ni de la monarchie ni de la République, il se décida

à conserver l'étiquette républicaine afin de pouvoir césa-
riser sous son nom, et dire à la tribune : « *Mon gouvernement sera une République sans républicains.* » Paris était
dans l'anxiété et craignait la restauration de la monarchie ;
car l'Assemblée Nationale, après avoir insulté Garibaldi
et Victor Hugo, refusa de crier : Vive la République ! et
commit cette provocation haineuse de transférer à Versailles le siège du gouvernement. C'est alors que le sinistre
vieillard ordonna l'expédition nocturne de Montmartre,
non pour s'emparer de canons qui ne menaçaient personne, mais bien pour provoquer la guerre civile, afin
d'avoir un motif sérieux de désarmer Paris ; car il savait,
ce serviteur de la monarchie, qu'il ne pouvait garder longtemps le pouvoir tant que Paris serait armé. Fidèle à sa
tradition, Paris se leva pour défendre la République, et
une fois de plus la liberté fut noyée dans le sang. Des mas-
sacres sans précédents accompagnés d'atrocités inouïes
furent accomplies par un armée monarchiste abusée par
les récits mensongers de la presse monarchique. Et comme
à Versailles on disait Paris en proie à des étrangers : « Non,
dit Thiers à la tribune, c'est du sang français et bien
français qui coule ». Son ambition était satisfaite. Paris fut
si bien écrasé qu'il put s'écrier dans son triomphe : « En
voilà pour quinze ans. » Il disait vrai. Les quinze ans vont
expirer, et malgré le progrès incontestable de l'idée républicaine, c'est à peine si la France peut braver la monarchie. Mais il y aurait péril en la demeure. Il est temps
d'organiser la République démocratique, si nous voulons
prouver au monde qui viendra nous visiter en 1889, que
nous sommes dignes de la liberté.

Peuple souverain ! il est en ton pouvoir de réaliser cette
organisation, si tu veux bien considérer la chose publique
comme ta chose propre. Quand il s'agit de tes affaires
privées, tu te montres sage, prudent avisé, *astutu*. Bien
malin celui qui réussirait à te jouer. D'où vient que tu
n'apportes pas à l'examen de Ta Grande Affaire, le même
soin, la même prévoyance, et que tu donnes pour ainsi

dire carte blanche à tes mandataires ? La faute, il est vrai, n'en doit pas revenir à toi, mais aux gouvernants, qui tous t'ont trompé. A l'avenir, mieux éclairé sur les conséquences de ton vote par l'*Année terrible*, il faut bien t'assurer — surtout par leur passé, que les hommes qui viennent solliciter l'honneur de te représenter au Parlement, en sont dignes par leur amour de la justice, par l'élévation du caractère, et par un dévouement sans bornes à la République démocratique. — [Les cinq députés de 1848 que tu avais nommés à titre républicain passèrent tous à l'Empire]. — A ces qualités, ton mandataire devra joindre les lumières et les aptitudes que comporte la science des sociétés en marche vers le progrès. Si, au lieu d'être franc et loyal, le candidat n'est qu'un rusé compère, un aigrefin, un politique, un comédien qui ment pour surprendre ta confiance, une fois élu, il n'hésitera pas — le cas échéant — à te livrer toi, ta fortune, tes enfants et ta liberté à l'ambition d'un despote quelconque, et Dieu sait si les aventuriers manquent en politique. Et lorsque conduit par eux jusqu'au bord du gouffre, tu veux reculer et mettre le holà, il est toujours trop tard. Voilà comment tu es tombé dans le gouffre de Sedan, et comment aujourd'hui tes enfants meurent du choléra au Tonkin, nouveau gouffre qu'on ne comblera jamais : le climat et les Pavillons-Noirs s'y opposent formellement. Et si tu t'avises en cette occurrence de récriminer, — un peu tard, conviens-en, — oh ! alors dignité humaine et souveraineté populaire ne sont plus que de vains mots, et voici les jolis noms que leur mépris te donne. Napoléon III t'appela un jour : « nation dégénérée ». Thiers : « vile multitude » ; Jules Favre : « tourbe impure » ; Picard : « faces sinistres », et Gambetta : « esclaves ivres ». Avant la révolution, les nobles que tu nourrissais, t'appelaient : « la canaille ». Pendant le siège Bismarck appela les Parisiens : « vile populace » ; mais celui-là du moins est notre ennemi. Donc, ô peuple, prends garde aux hommes que tu investiras de ta souveraineté. Les uns se présenteront à toi sous les auspices des Napoléons. Le dévouement à une famille politique, reste du moyen âge, est indigne d'hommes libres, lesquels ne doivent s'incliner que devant Ta Majesté, ô Peuple Souverain.

Bonapartistes.

Ces candidats viennent simplement te proposer d'abdiquer ta souveraineté au bénéfice de leurs maîtres. Leur mépris pour toi ne saurait mieux éclater. Ils te répéteront, comme en 1851, que la France n'est pas capable de supporter la République. Montesquieu, qui a dit que la vertu est le ressort principal de la République, n'a jamais écrit que la France en était indigne. Comme lui, je ne crois pas à ta servilité, et voilà pourquoi je te crie : *Sursum corda!* et en avant. Mais eux, ils te chantent : « A genoux, citoyens et frères. » A genoux! quelle attitude pour un souverain, pour un homme, pour un Corse descendant de Sampiero et de Sambucuccio, qui se souvient de la *Terra del Comune* et qui est fier d'avoir connu la République, deux siècles avant la Suisse. Il est vrai que les monarchistes, impériaux et royaux, vont répétant sans cesse que le peuple est perdu et qu'il faut le sauver. Ce besoin de rédemption périodique qu'éprouvent les prétendants, n'a d'autre objet que la conquête du pouvoir avec tous les avantages qu'il comporte, et ces avantages sont immenses dans un pays de centralisation. — Celle-ci, il est urgent de la détruire. Mais toi, Peuple, sens-tu le besoin d'un sauveur ? La démocratie ne demande qu'à être sauvée de l'ignorance, cause de tous les maux. Or, en 1870, après dix-huit ans d'empire, six millions d'électeurs ne savaient ni lire ni écrire. Aujourd'hui même encore, par la plume du traître Ollivier, vous protestez contre l'instruction gratuite, laïque et obligatoire. Heureusement, le peuple, quoique bien ignorant comparativement au degré d'instruction qu'il a la ferme volonté de donner à ses enfants, est assez éclairé pour écarter tout prétendant, fût-il un grand génie. De votre côté, Messieurs, n'oubliez jamais que la patrie est mutilée

par vous, humiliée par vous et menacée par votre retour
d'une quatrième invasion. Ton choix est fait, j'en suis
sûr, ô Peuple, entre la guerre européenne avec les
Bonaparte, et la paix du monde avec la République vraie.

Nobles.

Ducs, marquis, comtes, etc., ces candidats ne peuvent
se résigner à être de simples citoyens. Ils empruntent à
une institution, pour jamais disparue, des titres sans
valeur sociale; car qu'est-ce que qu'une noblesse sans
privilèges? C'est une fiction pure, et en même temps un
aveu de faiblesse morale. N'ayant pas de valeur person-
nelle marquante, ils veulent qu'on les distingue quand
même. Dans leur morgue, ils méprisent l'égalité républicaine, et ne se doutent même pas qu'en sollicitant tes
suffrages, ô Peuple, ils rendent hommage à cette égalité
qui est le fondement de ta souveraineté. Leur échec ap-
prendra à ces soi-disant nobles que république et noblesse impliquent contradiction, et ils finiront par recon-
naître enfin que, morte la monarchie, morte la noblesse.

Patrons, Clients, Dynasties.

D'autres, évoquant leurs aïeux, briguent tes suffrages
au nom de prétendus services rendus au pays par leur
famille. Tradition de noblesse romaine, et sans t'humi-
lier du nom de clients, c'est bien en patrons qu'ils t'aver-
tissent qu'ils sont candidats. Ces descendants de familles
soi-disant patriciennes semblent croire qu'ils ont droit à
l'élection héréditaire. Ils n'ont, en vérité, rien appris de
la Révolution. D'ailleurs, quel usage leurs pères ont-ils
fait du pouvoir que les tiens leur avaient procuré? Ont-ils
assaini le pays, fondé des écoles professionnelles, créé
des institutions de crédit, tenté d'arrêter l'émigration
par des industries locales? Rien de tout cela n'a été fait.
Cependant ils ont la prétention de fonder des dynasties.
Je me plais à croire, ô Peuple, que si, dans ta souverai-

neté, tu as chassé trois dynasties nationales, ce n'est pas
pour fonder, en pleine République, des dynasties de dé-
partement, d'arrondissement ou de canton. Nos mœurs,
encore trop monarchiques, leur ont permis de fonder un
parti, non en vue de principes politiques à faire préva-
loir, mais en vue d'intérêts électoraux dynastiques.
L'expérience a prouvé aux Corses que soutenir le parti,
selon l'expression d'usage, contre les principes, contre
l'intérêt général, ne leur a jamais rapporté qu'injustices,
inimitiés et coups de fusils. Donc, libre de toute attache,
électeur souverain, vote conformément aux principes de
1789, et le triomphe de la démocratie est assuré.

Indépendants.

Peut-être y aura-t-il des candidats qui se diront : Indépendants! Indépendants de qui? De toi sans doute,
ô Peuple. Ce titre, qui implique la négation de ta souveraineté, veut être habile et n'est qu'insolent. A les enten-
dre, car cette espèce de finauds se rencontre assez
souvent, ces candidats disent ne relever que de leur
conscience, c'est-à-dire d'eux-mêmes, d'eux seuls, et cependant ils sollicitent tes suffrages. Quelle ruse grossière !
La vérité est que ce jargon politique a pour but d'éviter des
engagements formels, c'est-à-dire un programme. Ce sont
les Tartuffes du Suffrage Universel. Sous prétexte de
« politique des résultats », ils se réservent la liberté de
leur vote dans toutes les questions, afin de soutenir ou
de combattre le Gouvernement, selon leur intérêt personnel. Mandataires du peuple, ils ne le sont jamais. Ils
considèrent le mandat législatif comme un marchepied
pour s'élever à ce que les ignorants appellent les hon-
neurs. Mais eux ne pèchent pas par ignorance. Le mépris
est tout ce qu'ils méritent. *Non raggionar di lor, ma
guarda e passa.*

Opportunistes.

Le triomphe, en 1877, des 363 a donné naissance à un parti politique inconnu jusqu'alors et que son créateur, feu Gambetta, a été amené à baptiser du nom d'opportunisme, faute de pouvoir se réclamer, soit de la Monarchie, soit de la République. On est assez embarrassé à le définir, et les gens qui le composent ne savent pas bien eux-mêmes ce qu'ils sont en politique. Aussi se disent-ils opportunistes. « *Godere li beneficj del tempo* » me semble être leur maxime. On peut dire cependant que ses chefs se sont montrés assez habiles dans l'*art tout machiavélique de jouer les hommes en parlant ;* témoin J. Ferry qui a créé l'expression : « radicaux de Gouvernement » pour donner le change aux électeurs radicaux au moment des élections. A ce point de vue, ils ont mérité de succéder à Thiers qui, lui, entendait bien n'être dupe d'aucun principe. En ajournant indéfiniment les réformes les plus urgentes, les opportunistes ont fait beaucoup de mal à l'idée républicaine ; car ils ont laissé croire aux masses que la République ne différait en rien de la monarchie, dont elle gardait toutes les institutions. Leur politique, soi-disant de transactions, mais, en réalité, d'ajournements, sans programme ni plan, visant surtout le succès personnel, n'a abouti, en somme, malgré l'habileté de leur tactique, qu'à la négation de la démocratie. A force de répéter : le péril est à gauche, elle a si bien relevé les espérances de la réaction qu'eux-mêmes aujourd'hui sont les premiers à crier au péril monarchique, leur œuvre ! Leur ministre Ferry, l'homme qui en 71 disait des Parisiens, ses électeurs : « On n'en fusillera jamais assez, » est tombé comme Thiers, son maître, le front bien bas, et la nation a pu reprendre possession d'elle-même. Le 4 octobre prochain elle va manifester sa puissance. La République, qui représente la stabilité, mais ne l'a pas encore conquise par le fait des ambitieux vulgaires, compte bien, ô Peuple, que tu ne voteras pas pour les hommes qui veulent renvoyer à l'an 3000 l'organisation définitive de la Démocratie.

Radicaux.

Les vrais républicains ont été obligés de s'appeler radicaux pour se distinguer des libéraux de toute nuance qui ne se disaient républicains que pour mieux déguiser, à l'exemple des Bonaparte et des Thiers, leurs projets d'ambition politique. Par le fait des opportunistes qui, je le répète, n'ont eu ni l'esprit ni le courage d'entreprendre les réformes nécessaires, les Républicains radicaux ont été condamnés à faire de l'opposition au Gouvernement. Rôle ingrat en République autant que beau en monarchie. Cependant, telle est la vérité : seuls les Radicaux sont dans la logique républicaine ; seuls, ils représentent les aspirations de la démocratie qui se font jour dans tous les programmes ; seuls, ils peuvent réaliser les réformes indiquées dans les premières pages de cette lettre. Mais à quoi, ô Peuple, reconnaîtras-tu que les candidats qui se diront radicaux le sont réellement ? A la netteté de leur programme. Quelle que soit sa teneur, il doit pouvoir se résumer ainsi : *Le moins de gouvernement possible, à moins de frais possible.* Il doit garantir l'exercice *fréquent* de la souveraineté populaire qui par ses évolutions normales rend inutile une insurrection.

Et maintenant, Peuple Souverain, si tu me faisais l'honneur de me demander un programme, je te répondrais qu'en l'état actuel des choses mon programme n'aurait qu'un article ainsi conçu : *Election immédiate d'une Assemblée constituante avec mission d'organiser la Démocratie.* Sans cela, nul progrès, et le *statu quo* monarchique ne peut que s'éterniser. Ces lois constitutionnelles qui nous régissent sont le résultat d'une conspiration ourdie à Versailles par les ennemis de la République, en vue de s'attribuer le pouvoir légal de la renverser quand le moment propice serait venu. L'Assemblée de malheur de 1871, *usurpa*, sur les indications de Thiers, le pouvoir constituant. Que pouvait-il sortir d'une Assemblée monarchiste, élue sous le coup de l'invasion, et dont les hommes guettaient, depuis dix-huit ans, le moment de restaurer la Monarchie, si ce n'est des empêchements légaux de nature à déconsidérer la République et à la rendre impossible, afin de faire éclater, comme remède souverain, la nécessité de la Monarchie ! C'est que pour écrire ce contrat social qu'on appelle une Constitution démocratique, il faut aux législateurs des convictions morales, des principes arrêtés, un profond amour de la Patrie et de l'humanité, et un mandat formel. Si ce mandat t'avait été demandé en 1875, ô Peuple, est-ce que tu aurais consenti à créer un Sénat? N'as-tu pas senti le rouge te monter au front lorsque, aux élections sénatoriales, des hommes, se disant républicains, ont eu l'audace de te demander d'aliéner ta souveraineté pour neuf ans! *neuf siècles en politique!* Aurais-tu souffert qu'on inscrivît dans la Constitution que le Pouvoir exécutif serait délégué pour *sept ans* et le Pouvoir législatif pour *quatre ans*, alors que la vérité démocratique exige que ton élu se sente à tout moment sous ta main et tremble de forfaire à ses engagements envers toi, son Souverain?

Donc, élection de la Constituante hors de laquelle point de République vraie.

Élection de la Constituante si tu veux, ô Peuple, que ta souveraineté prévale et ne soit pas un vain mot.

Election de la Constituante si tu veux que la puissance individuelle ait toute son expansion au sein de la Commune autonome et que l'État soit réduit à sa plus juste expression.

Élection de la Constituante si tu veux affranchir la France de toutes les superstitions qui oppriment son génie.

Election de la Constituante si tu veux être, dans vingt

ans, le Peuple le plus instruit, comme tu en es le plus laborieux et le plus poli.

Election de la Constituante si tu veux avoir la vie à bon marché par l'unité économique ou unité d'impôt, entraînant la suppression des octrois et des douanes.

Election de la Constituante si, ardemment désireux de la Paix, tu veux crier avec un éminent publiciste : « Guerre à la guerre ! » et dire avec l'altissimo poeta : *Nulla salus belli pacem te poscimus omnes.*

Election de la Constituante si tu veux poser à bref délai les bases des Etats-Unis d'Europe, ce radieux avenir qu'il est en ton pouvoir d'atteindre dès cette fin de siècle, du moins économiquement, par un Zollverein européen.

Election de la Constituante si tu veux que les peuples opprimés se tournent avec amour vers la France, cœur de l'humanité, et vers Paris, foyer de la civilisation, d'où est partie, pour rayonner dans le monde et supprimer l'esclavage, la Déclaration des droits de l'homme.

Permets, ô Peuple Souverain, que je me dise de Ta Majesté le très dévoué et très respectueux serviteur. J'en ai bien quelque droit, ayant enduré, pour faire triompher ta souveraineté, et sauver la République, de longs jours d'angoisse et subi trente mois de *carcere duro.*

ANTOINE FOLACCI.

5, rue de l'Odéon.

Paris, le 8 septembre 1885.

Corbeil. — Typ. et stér. Crété.